gespräche mit jonas

..machen Mut zum Leben

Was habe ich mit Gott zu tun?

Bibliografische Information
der Deutschen Nationalbibliothek:
Die Deutsche Nationalbibliothek verzeichnet diese
Publikation in der Deutschen National-bibliografie.
Detaillierte bibliografische Daten sind im Internet
über http://dnb.dnb.de abrufbar.
Herstellung und Verlag:
BoD – Books on Demand, Norderstedt

ISBN
9783753416731

Inhaltsverzeichnis   **Seite**

Wichtiger Hinweis

Vor Veröffentlichung dieses Buches baten mich einige „Vorableser" um eine sogenannte Trigger Warnung (Warnung vor möglichen Auslösereizen). Ich selbst bin mit diesem Begriff sehr vorsichtig, weil gerade dies auch zu einer erhöhten Neugier führen kann.

Trotzdem, und nicht zuletzt aufgrund der Hinweise meiner Testleser, gebe ich diese Warnung hier als **wichtigen Hinweis** für Menschen ab, die sich eventuell in einem psychisch labilen Zustand befinden. Einige Passagen in meinem Buch könnten mit diesen Vorzeichen möglicherweise verstörend wirken.

Lesen Sie in diesem Falle vorzugsweise mit therapeutischer Begleitung weiter. Das eröffnet auch gute Möglichkeiten, um gegebenenfalls gemeinsam eine nützliche Fallanalyse anzustreben.

Zur „Entwarnung" möchte ich nicht unerwähnt lassen, dass ich mit positiv prägenden Hilfen von anderen Menschen, und nicht zuletzt in großer Dankbarkeit an meinen himmlischen Freund Jonas, einen guten, inneren Lebensweg gefunden habe.

Mir ist bewusst, dass mein Weg nicht eins zu eins übertragbar ist. Dazu sind Menschen viel zu unterschiedlich. In diesem Buch öffne ich mich deshalb so weit, um klarzumachen, dass es immer einen Ausweg gibt. Und das auch aus vermeintlich aussichtslosen Situationen. Darum geht es hier grundsätzlich.

Noch etwas

Lassen Sie sich bitte nicht von anfänglichen Ausführungen zum Glauben ablenken. Das ist für mich ein zentrales Thema und gehört explizit zu meiner Geschichte.

Vorwort zum Thema Glaube

Wer kennt das nicht: Es gibt ein Problem, aber eine Lösung ist weit entfernt. Könnte hier vielleicht Glaube helfen? Ich denke ja.

Um selbst zum Glauben zu kommen, musste ich erst viele Schwierigkeiten einstecken. Auf diesem Weg habe ich Jonas kennengelernt. Er ist ein sehr geduldiger Mitarbeiter des Himmels und steht mir zur Seite. Egal was kommt.

Doch wie kann Glaube definiert werden. Beweisen kann man ihn nicht. Aber muss er denn erst bewiesen sein, um einen Lösungsvorschlag annehmen zu können, oder macht er sich aus Beweismangel selbst unglaubwürdig?

Für mich funktioniert Glaube lösungsorientiert und fußt im Urvertrauen als Basis. Deshalb habe ich auch kein Problem damit, wenn ich nicht im Nachhinein bis ins kleinste Detail ergründen kann, wie ich erfolgreich zu einem einmal gesteckten Ziel gekommen bin oder ein Problem lösen konnte.

Hier liegt das Geheimnis des Glaubens für mich.

Die Gespräche mit Jonas weichen daher oft von dem ab, was über Themen wie diese üblicherweise geschrieben wird, weil Jonas eine ganz andere Übersicht hat, als wir aus unserem menschlichen, eingeschränkten Blickwinkel überhaupt haben könnten.

Kraft deiner eigenen Entscheidungsfreiheit kannst du dem Gespräch mit Jonas unter diesem Aspekt etwas abgewinnen oder nicht. Das bleibt ganz dir überlassen.

Stell dir einmal vor

Du wirst vom Atheisten zum „Himmelversteher".
Kaum zu glauben, oder?

Es gab für mich eine Zeit, die ich als Ära vor Jonas
bezeichne. Bis zu meinem Nahtoderlebnis im
Herbst 1985 war ich ein ausgemachter Atheist. Mit
Gott hatte ich nichts am Hut.

Nach der Nähe zum eigenen Tod war alles anders.
Nicht sofort, aber mit der Zeit dann doch.

Aus heutiger Sicht bewegte ich mich in der Zeit
davor gerne in Vorwürfen und Schuldzuweisungen an andere, wenn es mir nicht gut
ging. Und in Selbstherrlichkeit, wenn ich (vermeintlich ich) etwas Großartiges vollbracht hatte.

Nachdem ich einen Blick in die Welt des Himmels tun durfte, änderte sich meine Einstellung zum Leben total. Zweifel an mir selbst und meinem Verhalten kamen auf. Ab hier stellte ich zaghaft erstmals Fragen, ohne gleich alles zu verurteilen.

Nach 1985 gab es für mich also eine innere Wende. Ab jetzt stand mir auch Jonas zur Seite, dem ich, nach der Begegnung mit ihm, ganz offen alle erdenklichen Fragen stellen konnte.

Was ich bis heute ohne Unterlass tue…

Aber es hat noch sehr lange gedauert, bis das Wort „Himmel" in meinen Wortschatz seinen Platz gefunden hat.

Wo ist der Beweis für Gott?

Gehen wir zurück in die Zeit vor 1985, als ich den Himmel als nicht existent betrachtete.

„Es gibt viele Zeitgenossen, die an Gott glauben. Schön und gut. Sollen sie. Solange man mich damit nicht belästigt.

Da gibt es die Bibel als das meistgelesene Buch der Welt. In meinem Bücherregal steht der Schinken jedenfalls nicht. Versuchsweise habe ich einmal darin gelesen. Verstanden habe ich nichts.

Dann gibt es auch noch die zehn Gebote. Sozusagen ein *Handbuch light* für das Leben.

Wer hält sich daran? „So wie die anderen mit mir umgehen, so bekommen die das zurück. Basta! Wo komme ich sonst hin?"

Meine Freunde haben mich ausgelacht, als ich von meinem Leseausflug in die Bibel berichtete.

Als wir alle in der Lehre waren, traten wir aus der Kirche aus. Diese Zwangssteuer störte nur. Wenn einer das bezahlen will, dann ist das seine Sache. Wir wollten das nicht.

Dieser Gott sollte erst einmal seine Ärmel hochkrempeln und daran arbeiten, dieses viele Leid, auf unserer ach so schönen Welt, zu beseitigen. Wenn das erledigt ist, kann er zu mir kommen und etwas für mich tun.

So könnte er den Beweis antreten, dass es ihn gibt.

Ja, so war meine Einstellung!

„Und damit begannen deine langen Umwege", bemerkte Jonas.

Meine Kindheit

Den Krieg habe ich zum Glück nicht mehr erlebt,
aber die Nachwirkungen waren auch nicht von Pappe.

Geboren wurde ich im Oktober 1950 in Berlin-Kreuzberg, Friesenstraße 21. Diese Gegend war ein typischer Arbeiterbezirk. Wir bewohnten eine feuchte Kellerwohnung im Quergebäude. Mehr als zwei Räume gab es nicht. Da mussten sich fünf Personen drängeln.

Vorne, zum ersten Hof hin, befand sich die Wohnküche. Nach hinten heraus, also zum zweiten Hof, war das sogenannte große Zimmer, das als Stube der Eltern diente. Von einem großen Zimmer konnte aber nicht wirklich die Rede sein, denn mein Bruder und ich schliefen dort, sozusagen als Beigabe, auch darin. Die Oma hauste mehr oder weniger in der Wohnküche. Sie aß immer auf ihrem Bett, weil der kleine, wackelige Tisch nicht für fünf Nasen reichte. Zu beißen gab es ohnehin nicht viel.

Der einzige Kachelofen befand sich im großen Zimmer. Unsere Wohnküche wurde über eine eiserne, baufällige Kochmaschine beheizt. Auf diesem riesigen Ding kochte meine Oma für uns alle.

Die Erwachsenen mussten kreativ sein mit dem, was gerade da war. Holz und Kohlen waren schwer zu bekommen. Die Bude blieb öfter kalt als uns lieb war. Unser Örtchen befand sich versteckt im Hausflur zum zweiten Hof. Natürlich ohne Wasserspülung. Wir mussten einen Eimer mit Wasser mitnehmen.

Ich als kleiner Pimpf konnte nur eine kleine Schüssel tragen. Darin wurde sonst der Salat gewaschen, wenn es mal welchen gab. Trotzdem war das schon Luxus, denn wir hatten dieses kleine Klo nur für uns allein. Üblicherweise mussten sich mehrere Mieter ein Klo teilen. Im Winter fror uns in diesem winzigen Raum fast der Allerwerteste ab. Längere Sitzungen waren dann nicht möglich.

Die ersten 4 Jahre meines Lebens verbrachte ich dort. Dann zogen wir in eine bessere Wohnung um. Besser war da nur, dass es ein Klo in der Wohnung gab. Die Räumlichkeiten waren insgesamt kleiner. In der dritten Etage war es allerdings viel heller und auch nicht mehr feucht.

Das halbe Zimmer bekam mein Bruder und ich. Das große Zimmer diente meinen Eltern wieder als Wohn- und Schlafraum. Wir schauten auf einen großen Friedhof. Kein toller Ausblick, aber schön ruhig.

Unsere liebe Oma zog in eine andere Wohnung. Wieder im Keller. Damals war das normal, denn Wohnraum war sehr knapp.

Die Fenster hatten überall nur eine einzige Scheibe. Im Winter froren sie meistens zu, obwohl wir in jedem Zimmer einen guten Kachelofen hatten. Wir Kinder fanden die Eisblumen an den Fenstern immer sehr interessant.

Mein Bruder und ich trieben uns oft in Ruinen herum und holten uns Schrott heraus, damit wir uns Spielzeug basteln konnten. Kaufen konnten wir nichts. Taschengeld gab es sowieso nicht. Deshalb suchten wir auch alte Flaschen und gaben 20 Stück für einen Groschen beim Kaufmann und Altwarenhändler Bienert ab, um uns wenigstens eine Zuckerschnecke vom Vortag zu kaufen.

Die Eltern und meine Großmutter waren gläubige Christen. Jeden Sonntag machten wir uns fein und gingen brav in die Kirche. Ich wurde als Christ erzogen und sollte das Gute in jedem Menschen sehen. Das hat mir mein Vater immer wieder vorgebetet. „Und immer schön die Wahrheit sagen", fügte er noch an.

Dass dieser Spruch einmal große Probleme in mir auslösen würde, konnte ich da noch nicht ahnen.

Warum erzähle ich von früher?

„Ja, das frage ich mich auch gerade", warf Jonas ein. Unser Thema ist doch, warum du mit Gott nichts am Hut hattest, oder? Was hat das mit den beschriebenen Lebensumständen zu tun? Das hat doch keine Relevanz zum eigentlichen Thema."

„Jonas, meine Ablehnung zu Gott war ja nicht ursprünglich in mir angelegt. Der Grund lag in meinen Missbrauchserfahrungen. Versteh dazu bitte Folgendes: Religiosität wurde in den fünfziger Jahren bekennender gelebt als heute. Meine Großmutter hatte darauf einen großen Einfluss."

„Zwischen Missbrauch und Religiosität sehe ich keinen unmittelbaren Zusammenhang, mein Freund. Auch sogenannte gute Christen begehen Missbrauch. So wie auch Nichtchristen. Sieh dir die vielen Geschichten darum in den kirchlichen Institutionen an, welche erst heute aufgedeckt werden."

„Richtig. Vordergründig ist da kein Zusammenhang erkennbar. Die Krux an der Sache liegt im Widerspruch zu dem, was vermittelt, und was getan wird. Das passiert fatalerweise auch noch unter dem Mantel der Verschwiegenheit. Heute lüftet sich dieser Mantel etwas. Zum Glück für die Betroffenen, sage ich einmal. Wenn man da von *Glück* überhaupt sprechen kann. Früher wurden Opfer als Lügner abgestempelt. Niemand nahm sie ernst. Es konnte eben nicht sein, was es nicht geben durfte.

Mit meiner Tante habe ich einmal darüber gesprochen und mir damit verbale Prügel eingefangen. Sie sagte nur, ich solle mit diesem Unsinn aufhören! Danach habe ich geschwiegen, weißt du."

„Und heute? Ist es heute anders?"

„Heute hört man eher zu, und prüft, ob da etwas dran ist.

Für den Betroffenen ist es aber immer noch schwer, darüber zu reden, weil da noch großes Misstrauen herrscht."

„Ich sehe trotzdem noch keinen Zusammenhang zu deiner Aussage: Was habe ich mit Gott zu tun?"

„Der Bruch mit Gott fußt auch auf diesen festgefügten, religiösen Rahmenbedingungen. Ein Christ war halt automatisch ein guter Mensch. So war das eben. Einem Christen unterstellte man keinesfalls solche verwerflichen Dinge. Er war rechtschaffen und gut. Punkt.

Die Diskrepanz zwischen dem, wie Christen gesehen wurden, und dem, was passierte, brachte mich in einen Zwiespalt, verstehst du. Ich verzweifelte nicht an der Fehlbarkeit von Menschen, sondern am Gefühl, von Gott verlassen zu sein, auch weil er diesen Zwiespalt zuließ."

„Du fühltest dich also von Gott verlassen."

„So war es, ja."

„Und daraus hast du den Schluss gezogen,
dass es einen Gott gar nicht geben kann."

„Ich wusste schon, dass es ihn gibt. Aber er hat
sich wohl nicht für mich interessiert. Grundsätzlich habe ich darauf vertraut, dass alles, was gut
ist, von Gott kommt. Vielleicht eine naive Sicht,
aber ich sah das so. Was ich erfahren musste, war
nicht gut. Damit konnte ich nicht umgehen, weiß
du."

"Ich sehe ganz klar, dass du aus einer
Vermutung heraus sehr schnell eine
Handlung abgeleitet hast."

„Wie meinst du das? Das war alles keine
Vermutung, sondern Realität. Zeit zum Überlegen
brauchte das nicht."

„Dein Missbrauchserlebnis war real, das
weiß ich. Aber deine innere Kündigung an

Gott fußte auf einer Vermutung. Wer sagt dir denn, dass Gott nicht immer bei dir war? Auch bei allen unguten Dingen, die du erfahren musstest."

„Hä? Er war dabei? Das ist ja heftiger, als ich dachte."

„Er war immer bei dir und hat dich oft vor größeren, inneren Schäden bewahrt. Aber das wird jetzt deine Wut hervorrufen."

„Richtig! Ich verstehe nur Bahnhof, Jonas. Und es macht mich traurig, was du da sagst."

„Um zu verstehen, wie ich das meine, musst du dir erst einen großen Überblick in die Gesetzmäßigkeiten des Himmels verschaffen. Da bist du noch nicht."

„Was gehen mich die Gesetzmäßigkeiten des Himmels an. Ich war auf der Erde. Und da wurde mir der Missbrauch angetan."

„Diese Gesetzmäßigkeiten zielen darauf ab, dass jeder Mensch immer einen freien Willen hat. Das gilt auch für dich. Auch dann, wenn schlimme Dinge daraus resultieren."

„Jonas, gerade da hatte ich keinen freien Willen. Mir wurde etwas aufgezwungen!"

„Richtig, eine freie Wahl hattest du da nicht."

„Was willst du mir eigentlich erklären? Ich habe gerade große Lust, unser Gespräch abzubrechen."

„Bleib dran, mein Freund, bleib dran. Ich weiß, das ist harter Tobak für deine sehr verwundbaren Stellen. Vielleicht ist es auch zu früh, dir darüber etwas zu sagen. Aber sei gewiss, dein Vater hat seinen freien Willen dabei auch nicht gebraucht!"

„Jonas, es wird immer komplizierter."

„Kompliziert ist es nur, weil du da mit starken Emotionen herangehst."

„Ich bin Betroffener, vergiss das nicht!"

„Schimpf nicht mit mir. Ich darf nicht in den freien Willen eingreifen. Gott auch nicht. Das ist ein oberstes Gebot im Himmel."

„Eben erzählst du mir, dass mein Vater seinen freien Willen nicht gebrauchte."

„Richtig."

„Ja was denn nun?"

„Er war auch ein Opfer, so wie du."

„Ich lach mich schlapp, Jonas."

„Denk nach, und bitte ohne Emotionen. Er war Opfer seiner Neigungen. Und er war nicht stark genug, die Grenzen zu erkennen. Sein freier Wille war damit überlagert."

„Schön für ihn, nicht schön für mich."

„Ich sehe, dass da noch viel im Dunkeln bei dir liegt."

„Da ist es gerade stockfinster, Jonas."

„Lass mich dir einen Hinweis zu Gott und den Menschen geben."

„Na, dann raus damit."

„Gott verkörpert die absolute Liebe, stimmst du mir zu?"

„Heute ja, damals nicht."

„Lassen wir das einmal so stehen. Also Gott achtet in der Gesetzmäßigkeit der absoluten Liebe den freien Willen aller. Menschen verzeihen ihren Kindern auch (als Gleichnis gesehen), wenn sie in den Augen der Eltern Mist gebaut haben. Niemand würde sein Kind verurteilen, wenn es aus Unvermögen heraus merkwürdige Dinge tut. Und aus diesem Überblick, den Eltern über ihre Kinder haben, ist das von Gott zu seinen Menschenkindern zu sehen. Hast du das verstanden?"

„Es ist schwer, Jonas, es ist schwer."

„Sei nicht so verbohrt. Ich kann dich sehr gut verstehen. Aber mit Unwillen kannst du da nicht herangehen."

„Was wäre denn der richtige Weg?"

„Verständnis dafür aufzubringen, das dein Vater ebenfalls ein Kind des Himmels ist. So wie auch du. Und glaube mir, es tut Gott genau so weh wie dir, weil er mit dir war, und auch diesen Schmerz mit dir ertrug, aber nicht eingreifen konnte."

„Was hätte er überhaupt tun können?"

„Als es geschah, hat er deinen Schmerz ab-gemildert. Heute wird er versuchen (auch über mich) dich zum Verzeihen zu bewegen. Ich weiß natürlich, so wie Gott selbst, dass dies kein leichter Schritt ist."

„Ich denke nicht daran!"

„Verzeihen bedeutet nicht, das du ihm dann ein Freund sein musst. Verzeihen heißt, aus der Übersicht heraus ein wenig mehr nachzudenken, als nur Emotionen es zulassen."

„Was ist, wenn ich das nicht kann?"

„Dann wirst du damit länger zu tun haben, als es dir lieb ist. Deine innere Wut wird dich nicht loslassen, weil *du* sie nicht loslässt. Dein Herz bleibt damit so lange belastet und krank, solange du diesen Mut nicht aufbringst. Es wird dich auffressen. Mit einem solchen Schritt befreist du dich in erster Linie selbst!

In der Folge befreist du das Herz deines Vaters. Und in der weiteren Folge Gottes Herz. Diese drei Schritte bringen wieder alle Liebe des Himmels in dich hinein."

„Das wird Zeit brauchen, Jonas. Viel Zeit."

„Schon klar. Noch etwas zum Verständnis. Heute weißt du viel mehr über das, was landläufig als Reinkarnation bezeichnet wird.

Du weißt, dass Menschen aus der Seele kommen. Diese hat ein viel längeres Leben als ein Mensch. Einfach gesagt, ein einziges Menschenleben reicht gar nicht aus, um das Leben der Seele insgesamt zu überdauern. Und daraus resultiert, dass in den vielen Menschenleben die Wahrscheinlichkeit sehr hoch ist, dass du selbst einmal etwas Ungutes getan hast."

„Aus einem größeren Zusammenhang klingt das schlüssig."

„Es ist schlüssig, mein Lieber. Bei deinem Nahtoderlebnis hast du es doch sehen dürfen. Also warum sperrst du dich jetzt so?"

„Das macht mich alles sehr betroffen."

„Und würdest du nicht dankbar sein, wenn Gott dir alles vergeben würde, was du jemals angestellt hast?

So wie Eltern ihren Kindern aus dem Verständnis und ihrer Liebe heraus vergeben, weil ihre Kleinen es noch nicht besser wissen?"

„Natürlich wäre ich dankbar."

„Jetzt versetze dich in die Lage deines Vaters. Er hat sicherlich niemanden um diese Veranlagung gebeten."

„Da hast du wohl recht."

„Ein erster Schritt zum Verzeihen. Aber das ist noch ein weiter Weg. Und noch ein Hinweis, wenn wir schon mal dabei sind: Der Mensch hat sein menschliches Gemüt, auch Tagesbewusstsein genannt. Und die Seele. Darüber hinaus den Geist. Menschen sind also Drei-Ebenen-Wesen. Hier auf Erden bist du in deinem Gemüt. Die Seele ruht derweil, der Geist ist als übergeordnet zu sehen. Das, was du mit dem Missbrauch erleben musstest, hat sich in deinem Gemüt niedergeschlagen. Die Seele und dein Geist bleiben frei davon. Sie sind also gar nicht betroffen. Kann dich das etwas trösten?"

„Eine Menge Zeug, Jonas."

„Ich weiß. Dein Weg hatte bisher viele schwierige Ereignisse. Denke aber immer daran, dass andere auch nicht nur spazieren gehen."

„Ja, und nachdem ich dich kennenlernen durfte, konnte ich wieder nach Gott schauen. Einerseits, weil es nicht mehr zu übersehen war, dass er real ist. Andererseits wurde mir klar, dass ich ihn nicht für das Geschehene verantwortlich machen kann.

„Ich weiß, dass alles eine große Zerrissenheit in dir ausgelöst hat. Aber du bist daran auch enorm gewachsen, vergiss das nicht.

Jetzt berichte mir weiter von dem, was du erlebt hast. Und vor allem, was dich wieder den Weg zum Himmel finden ließ."

„Gut. Ich berichte weiter."

Kann man so den Himmel kennenlernen?

Ich war knapp fünf Jahre alt. Unbedarft spielte ich im kleinen Zimmer, als mich mein Vater in die Wohnstube rief. Es war ein sonniger Vormittag. Ich kann mich deshalb so genau daran erinnern, weil am nächsten Tag mein fünfter Geburtstag war. Meine Mutter war nicht zu Hause. Ohne zu ahnen, was mich dort erwartete, lief ich in die große Stube. Mein Vater lag nackt auf dem Bett, was mich sehr erschreckte.

Er herrschte mich an: "Komm her!" Eingeschüchtert traute ich mich nicht zu widersprechen, obwohl ich sofort wusste, dass hier etwas nicht stimmt. Was dann geschah, möchte ich in meinem tiefsten Inneren behalten, denn es würde jeden schockieren, der darüber etwas Näheres erfahren möchte. Und man wüsste auch nicht mehr als vorher, weil es nicht selbst gefühlt und erlebt wurde. Es setzte sich über eine längere Zeit fort. Meine Mutter bekam davon nichts mit.

Ich schwieg doch auch. Immer mehr zog ich mich in eine Scheinwelt zurück. Später nannte ich diese Scheinwelt *Schattenland.*

Als ich eingeschult wurde, wollte man mich in eine Sonderschule schicken, weil ich so merkwürdig war. Das geschah dann zum Glück nicht.

Es hörte nach etwa zwei Jahren auf mit dem Missbrauch. Warum, kann ich nicht sagen. Aus heutiger Sicht war das eine Erleichterung. Aufatmen konnte ich aber nicht, denn der Schaden war angerichtet. Ich war und blieb anders als meine Freunde. Und nicht, dass es schon reichte, was mir bis dahin angetan wurde, bekamen wir in der Grundschule einmal einen neuen Lehrer. Das er pädophile Neigungen hatte wusste niemand. Nach einer Klassenfahrt mit ihm wollte er unbedingt mit mir allein in den Urlaub fahren. Er kam zu uns nach Hause und bemühte sich in einem langen Gespräch mit meinen Eltern darum.

Mit geschickten Worten wickelte er sie ein, bis sie zustimmten. Niemand schöpfte auch nur den leisesten Verdacht. Ich auch nicht, denn eigentlich konnte ich ihn gut leiden. Wir fuhren also mit seinem Auto in den Harz. Noch einmal dorthin, wo wir als gesamte Klasse schon waren. Missbraucht hat er mich nicht, aber ich durfte dauernd auf seinem Schoß sitzend Autofahren lernen, und weiter so einschlägiges Zeug. Das alles hat mich nur weiter verwirrt. Erzählt habe ich niemanden davon. Vertrauen kannte ich sowieso nicht mehr. Hier bekam ich wohl den Rest. Körperliche Nähe war mir danach ein Greul. Egal wer es war.

Urvertrauen war damals noch kein Begriff, mit dem ich etwas anfangen konnte. Heute weiß ich, dass dieses Urvertrauen vollends den Bach runtergegangen war. Ich existierte zwar, aber irgendwie war ich nicht mehr richtig da.

„Jonas, wer will mir verdenken, dass ich aus diesen Erlebnissen heraus mit Gott nichts am Hut hatte."

Warum half mir Gott nicht?

Schon als fünfjähriges Kind fühlte ich Einsamkeit.

Mindestens einmal in der Woche träumte ich, dass ich aus dem Fenster falle. Bevor ich unten aufschlug, wachte ich schweißgebadet auf und zitterte am ganzen Körper. Diese Albträume verfolgten mich bis in die Pubertät. Dann hörte das auf.

Ich vermutete also auch hier, dass Gott gar nicht für mich da war. Damit war das Thema endgültig abgeschlossen. Wem hätte ich denn davon erzählen können?

In meinem Inneren herrschte weiter Einsamkeit und Chaos. Um dem zu entkommen, verlagerte ich später fast alle Aktivitäten auf äußere Dinge. So musste ich mich nicht mit meinem inneren Durcheinander auseinandersetzen. Damit hatte ich wenigstens Ruhe.

Gott war mir ferner denn je

Wenn man sich nur noch mit dem Äußeren beschäftigt, gewöhnt man sich schnell daran. Alles andere wird ausgeblendet und als nicht mehr so wichtig eingestuft. Es verblasst allmählich. Die Tür zum Himmel hat man damit aber selbst verschlossen. Gott drängelt sich nicht auf. Er kann nicht mehr zu dir vordringen, wenn du ihm die Tür vor der Nase zuwirfst. Damit sagst du: „Ich will dich nicht mehr, es gibt dich nicht, du tust nichts für mich, warum sollte ich dir zuhören."

Nun denn, eine Weile lang hat das ja auch gut so funktioniert. Doch nichts blieb so wie es war. Alles änderte sich, alles wandelte sich. Ich stand oft vor neuen Herausforderungen. Und jedes Mal stieß ich an meiner inneren, ablehnenden Haltung an. Immer mehr Unwohlsein machte sich in mir breit. Zweifel kamen auf, ob ich noch auf dem richtigen Weg war.

Was hätte ich vom Glauben?

Eines Abends baute ich mich vor meinem Spiegel auf und stellte mir selbst mit bockigem Gesicht die Frage, was ich denn vom Glauben hätte. Dabei runzelte ich die Stirn, weil es eigentlich ein Unding war, das mir diese Frage überhaupt durch den Kopf schwirrte.

Es mussten Zweifel sein. Aber ich zweifelte nicht, dass es Gott nicht gibt. Das war klar. Daran habe ich lange nicht gerüttelt. Vielleicht zweifelte ich an meinem eigenen Verhalten ihm gegenüber. „Nun gut", dachte ich, „da kann ich ja einmal weiterforschen. Schaden kann es jedenfalls nicht."

Die erste Entdeckung war, dass ich eine hohe Erwartungshaltung eingenommen hatte. Die zweite, tiefer liegende Entdeckung betraf mein verlorenes Urvertrauen.

Die Dritte war meine Ungeduld. Er sollte da sein, wenn ich nach ihm rief. Und das bitte gleich. Natürlich mit einer schnellen Lösung.

Mein erschüttertes Urvertrauen war gefühlt die Hauptursache meiner inneren Ablehnung. Als Kind bekam ich vermittelt, dass Gott gut ist. Meine Erlebnisse waren aber nicht gut. Wie sollte ich das in Einklang mit einem Gott bringen, der gut sein soll? Die „Lösung" dieses Unfriedens in mir war eben die Ablehnung von Gott. Damit schmierte ich eine Art Balsam über mein Gemüt. Aus menschlicher Sicht eine Reaktion mit Schutzfunktion. Aus der Sicht des Himmels ergibt sich ein anderes Bild.

Um das zu erkennen, brauchte ich noch gehörig viele innere Auseinandersetzungen. Und Erkennen ist noch lange nicht verinnerlichen. Schon das passte gar nicht in meine Ungeduld!

Das warf gleich zwei weitere Fragen auf. Erstens: Kommen alle guten Dinge von Gott? Zweitens: Kommen denn irgendwelche Ereignisse von Gott?

Zwei große Nüsse, die ich jetzt knacken wollte. Schnelle Antworten waren sicher nicht zu erwarten. Und mir war klar, allein bekomme ich das nicht hin.

Warum der Suizidversuch

Natürlich war ich nicht lange dran an der Suche nach den Antworten. Ich kenne mich doch. Dieser gedankliche Ausflug war wohl nicht nachhaltig genug. „Das mit Gott gehe ich mal an, wenn die Zeit dafür da ist", so dachte ich mich selbst beschwichtigend. Hätte ich auch nur ansatzweise geahnt, dass noch weitere, viel schwergewichtigere Erlebnisse mich dazu zwingen, über Gott und den Himmel nachzudenken, dann hätte ich meinen Hintern früher in Bewegung gesetzt. Aber ich brauche wohl mehrmals auf die Nase, bis etwas bei mir hängen bleibt.

Meine Frau und ich heirateten recht früh. Im Grunde war es eine Flucht aus den häufigen Alkoholexzessen beider Elternhäuser. „Eigentlich war es zu schnell mit unserer Heirat", sagte sie später einmal. Doch was ist zu früh? Es liegt auch an den Umständen und ob beide an einem Strang ziehen oder nicht.

Auf die Umstände, die dann zur Scheidung führten, möchte ich nicht weiter eingehen. Es wäre nicht fair, wenn ich hier nur meine Beweggründe ausbreiten würde. Und emotionale Schuldzuweisungen lehne ich heute grundsätzlich ab. Aber die Umstände brachten mich fast um den Verstand, denn sie führten mich in eine finale Tat. Ich wollte meinem Leben ein Ende setzen.

An der Schwelle zum Tod

Einige, schwerwiegende Ereignisse haben meinen Lebensweg also schon begleitet. Das Folgende sollte alles noch in den Schatten stellen. Ich will nicht behaupten, dass die Erlebnisse aus meiner Ehe an ihrem Ende zum Freitod führten. Das wäre zu kurz gegriffen. Sie lösten aber aus, was ich schon in mir trug. Schon lange lebte ich keine normale Realität, wenn ein Vergleich mit anderen einmal gestattet ist. Nach außen war ich vielleicht nur der komische Kauz. Nach innen spürte ich eine ohnmächtige Wut. Leicht war es nicht, diese an der Kette zu halten. Sie poppte immer wieder auf, wenn bestimmte Situationen auftraten. Also mal eben so wegstecken war nicht. Und wenn ich sie mal herausließ, dann war das unkontrolliert, was den Eindruck des Sonderlings noch befeuerte. So konnte ich auch nicht mit dem Ende dieser Ehe umgehen.

Mein innerer Schmerz nahm bedrohliche Ausmaße an. Den wollte ich unter allen Umständen loswerden. Der einzige, sich dafür anbietende Ausweg war, meinem Leben ein Ende zu setzen.

Ich stieg in mein Auto, leitete die Abgase an der Heckklappe vorbei ins Wageninnere. Der schnell eintretenden Schläfrigkeit folgte eine lang anhaltende Dunkelheit. Ruhe und Frieden war da. „Was ist der Tod", dachte ich. „Ich müsste doch tot sein. Also im Nichts. Und das wüsste ich ja dann gar nicht mehr. Was ist also los hier?"

Lange verharrte ich in dieser Frage. Ein leises, kaum hörbares, wunderschönes, einem warmen Sommerregen gleichkommendes Hintergrundgeräusch hüllte mich ein. So etwas hatte ich noch nie vernommen. Die Liebe, die damit durch mich hindurchfloss, kann man nicht beschreiben. Es gibt keine Begrifflichkeit dafür. Angst empfand ich nicht. Ein starkes Gefühl zu Hause zu sein machte sich breit. Ich stand an einer Art Schwelle, die mir unüberwindbar erschien.

Da wollte ich unbedingt hinübertreten. Einfach nach Hause gehen, denn so empfand ich das, was ich dahinter wahrnahm.

Eine Art Panoramabild (so würden Menschen dazu sagen) öffnete sich. Wie mit einem Urwissen verbunden sah ich alles, was das Leben an sich ausmachte, wie alles miteinander verwoben war, wie sinnvoll sich die einzelnen Stufen des Seins fügten, und warum das alles so seine Richtigkeit hatte. Es gab keinen Ausdruck, mit dem ich diese Fülle beschreiben könnte. Endlich war ich ohne Schmerz. Alles blieb hinter mir. Jegliches Mühen war vorbei. Ich schaute nicht einen einzigen Augenblick zurück. Das musste der sprichwörtliche Garten Eden sein.

Von der linken Seite bewegte sich etwas auf mich zu. Was es war, konnte ich nicht ausmachen. Ich brauchte mich aber nicht dorthin zu wenden. Es war alles in mir. Auch das, was hinter mir war.

Das, was auf mich zukam, stellte sich als Wesen heraus. Ohne klare Konturen. Die aber erwartete ich auch gar nicht.

„Es" sprach mich mit einer glasklaren, warmen, aber auch mahnenden Stimme an: „Du bist hier, obwohl du nicht gerufen bist."

„Bist du Gott?", fragte ich verunsichert zurück.

„Nein, mein Name ist Jonas. Der, der dich schon lange begleitet."

„Du hast mich also schon lange auf dem Schirm", stellte ich salopp fest.

„Das habe ich wohl."

„Darf ich jetzt nach Hause?" Zeitgleich setzte ich an, um den ersten Fuß über diese Schwelle zu setzen, wenn man noch von einem Fuß sprechen konnte, denn ich hatte nicht mehr das Gefühl, überhaupt einen Körper zu haben.

Jonas sagte nichts, bedeutete mir aber mit einer unmissverständlichen Geste, den Rückweg anzutreten. Ich wollte aber nicht zurück! Also setzte ich wieder an, um hinüberzugehen.

„Das ist dein Weg noch nicht", brummte Jonas.

Ich spürte den Nachdruck in seinem Hinweis und kam einfach nicht über diese Schwelle. Wie angeklebt blieb ich da, wo ich war.

„Warum darf ich nicht nach Hause?"

„Das wirst und musst du selbst herausfinden."

Sturzbäche von Tränen vergoss ich in diesem Moment. „Warum nicht?", rief ich traurig.

„Wenn ich es dir sagen würde, dann wäre es für dich keine Erfahrung mehr. Du musst sie selbst machen, sonst lese ich dir nur wie aus einem Buch vor, und das ist nicht der Sinn des Wachsens an den Schwierigkeiten des menschlichen Daseins. Nur so viel: Es wird dir jemand helfen, den Grund deines Rückweges zu finden. Zunächst ist es dir gar nicht gewahr, was da passiert. Doch später kannst du damit den Zusammenhang herstellen. Und dann wird es dich freuen, wer dir diesen Weg aufgezeigt hat.

Augenblicklich war ich wieder in meinem Körper und fühlte sofort wieder den Schmerz des Irdischen. Teilnahmslos schaute ich die Feuerwehrmänner an. Einer sagte nur: „Der ist noch gar nicht richtig da." Er wusste sicher nicht, wie recht er damit hatte.

Sie fuhren mich mit Blaulicht ins Humboldts-Krankenhaus. Auf der Intensivstation angekommen, sah ich noch drei andere Männer im Raum. Alles war voller Gerätschaften. „So ist das hier also", dachte ich, und war sehr bedrückt. „Vielleicht sind das auch solche Kandidaten wie ich."

Das sie vielleicht viel schwierigere Sachen durchzumachen hatten als ich, sollte ich noch erfahren.

Abends kam eine Pflegerin an mein Bett, drückte meine Hand und sagte „Alles wird gut." Damit fühlte ich mich gut aufgehoben. Mir liefen die Tränen herunter.

Leider konnte ich in diesem Moment nichts sagen und ihr danken, was ich später gern noch getan hätte, aber es kam nie dazu. Sie sollte wissen, dass ich heute noch daran denke und ihr dafür immer dankbar bin.

An Essen war nicht zu denken. Kein Frühstück, kein Mittag. Außer Ruhe wollte ich nichts. Nur nach Hause wollte ich, und hier war nicht mein Zuhause. Den ganzen Tag verbrachte ich schlafend. Damit kamen die Bilder „von dort oben" wieder zurück.

Mit Resignation dachte ich darüber nach, was denn jetzt noch kommen könnte. Und es kam noch etwas!

Schräg gegenüber lag ein Mann, so etwa 35 Jahre alt. Auf einmal setzte er sich auf und spuckte Blut.

So viel Blut hatte ich noch nicht gesehen. Er rang nach Luft, kippte nach hinten, und gab keinen Mucks mehr von sich.

Schnell waren ein halbes Dutzend Schwestern da, und schoben sein Bett hastig aus dem Raum. Auf dem Boden blieb eine große Blutlache zurück. Ich war schockiert so etwas zu sehen.

So wie jetzt schämte ich mich noch nie. Er wollte sicherlich leben, ich wollte mein Leben einfach so wegwerfen. Könnte ich damit einem Schöpfer jemals gegenübertreten?

Da war plötzlich die Stimme von Jonas in mir. Er sagte: „Ja, das kannst du, aber es wird viel Mühe kosten, damit du wieder im Reinen mit den Prinzipien der Liebe sein kannst. Doch es wird sich lohnen, glaube mir das."

Das war jetzt zu viel für mich. Ich hielt ab diesem Moment für zwei Tage komplett den Schnabel.

Die Zweifelszeit

Niemals hätte ich gedacht, dass mit alledem tiefe Depressionen auf mich warteten. Vorher hätte ich gelacht über die, die von solchen Zuständen berichteten. Nun schlidderte ich selbst da hinein. Und es fühlte sich an wie ein inneres Gefängnis.

Wie sollte ich damit jemals auf die Reihe kommen und ein ganz normales Leben führen? So wie andere Menschen auch. Ratlosigkeit war mein ständiger Begleiter.

Gott hat sich zwar schon mal über Jonas gezeigt, deshalb nehme ich ihn heute als real wahr. Wenn ich in mein vergangenes Leben zurückblicke, war ich oftmals beschützt, ohne es wahrgenommen zu haben. Vielleicht auch, weil ich es nicht wahrhaben wollte, denn mit Gott hatte ich ja vor 1985 nichts am Hut.

Wie bekomme ich nun einen Übergang zum normalen Verhalten hin? Ich war doch immer noch der komische Knilch von nebenan. Und – was ist eigentlich normal?

„Eine Therapie könnte helfen", riet mein Freund. Seinem Rat folgend meldete ich mich bei einem Therapeuten an. Bis man dort einen Termin erhielt konnte man schon verzweifeln. Was mich dann da erwartete, schlug dem Fass den Boden aus. Anstatt mich anzuhören, warum ich hier war und was ich lösen wollte, zog er ein strammes Programm durch, um mein Ego zu stärken. Meine Nahtoderlebnisse wurden einfach abgebügelt. „Das ist alles wissenschaftlich nicht bewiesen." Es fehlte nur noch, dass mich der Therapeut als durchgeknallt bezeichnet. Und, unausgesprochen hing das ohnehin in der Luft. Ich hatte den Eindruck das wir aneinander vorbei redeten. Irgendwie war er mit mir überfordert. Vielleicht waren auch meine Ansprüche zu hoch, und ich war wohl zu naiv zu glauben, dass er mich weiterbringen könnte.

Mein Gefühl sagte, dass hier mehr Schaden entsteht, als dass es mir helfen würde. Kurzerhand brach ich diese Therapie ab. Aus heutiger Sicht war das eine gute Entscheidung!

Frustriert hatte mich daran auch, dass Menschen sich aus einem angelernten Buchwissen heraus oft anmaßen, zu bestimmen wo der Hammer hängt. Das soll kein Angriff auf diesen Berufsstand sein. Es gibt auch sehr Fähige mit viel Engagement zum Einzelfall. Aber wenn jemand eine Beurteilung über Menschen abgeben will, und an der Stelle, von der sein Klient berichtet, selbst noch nicht war, dann gebe ich auf eine solche Beurteilung keine saure Gurke. Klar, es heißt da: Der Klient muss an sich selbst arbeiten, wir geben die Leitplanken dazu.

Bullshit. Ich bin nicht beratungsresistent, sondern maximalaufmerksam, und spüre, ob ernstes Interesse besteht, oder ich einer unter vier bis fünf anderen seiner täglichen Therapiearbeit bin. Wie soll das funktionieren?

Anderen kann eine Therapie bestimmt auch helfen. Deshalb möchte ich hier niemandem davon abraten. Nur bei mir funktionierte das nicht.

Unterschwellig fühlte ich, dass aber allein Herumeiern nicht das Gelbe vom Ei war. Wie sollte ich da herauskommen? Der Antrieb fehlte auf der ganzen Linie. Und wo sollte ich überhaupt anfangen?

Mein Freund sagte: „Hättest du die Therapie durchgehalten, wärst du heute weiter." Ich entgegnete: „Ja, ich wäre tiefer in meinem Ego gebunden. Das wäre kein guter Weg geworden." Er maulte, aber das war mir egal. „Man muss ja nicht immer einer Meinung sein", dachte ich mir.

Nach diesem Gespräch verordnete ich mir selbst viel Ruhe. Das half schon mal recht gut. Die Depressionen wurden schwächer und ich konnte ein relativ normales Leben führen.

Für die anderen war ich wohl immer noch ein komischer Typ, aber es machte mir immer weniger aus. Sollten die doch alle sagen, was sie wollten. Sie kannten mich nur aus den Reaktionen auf bestimmte Situationen, mehr nicht. Ich roch förmlich, wenn sie unwillig waren, mir wirklich zuzuhören. Mit der Zeit konnte ich mehr und mehr unterscheiden, ob sich jemand mit Vorurteilen umgab und daraus eine Beurteilung ableitete, oder ob wirkliches Interesse an meiner Person bestand.

In dieser Zeit trennte ich mich schmerzlich von so einigen Zeitgenossen, die nicht zu mir passten. Aber wer sollte zu mir passen? Auch so Durchgeknallte wie ich? War ich denn durchgeknallt? Oder war es diese Welt, die mich umgab? Viele Fragen, die ich für mich erst viel später einkreisen konnte.

Meine Nase steckte ich dann viel in philosophische Bücher und ja, auch wieder in die Bibel.

Dabei kamen mir folgende Gedanken in den Sinn: „Ich durfte in den Himmel schauen, folglich gibt es einen Himmel. Ich durfte nicht bleiben, also bin ich hier noch nicht fertig. Das hatte mir Jonas klar vermittelt. Ich stellte mich also wieder einmal vor meinen Spiegel, und glaubte erst gar nicht was da aus meinem Munde kam. „Nun gut, Gott ist real, das weiß ich jetzt. Ich sehe, dass ein Mensch mir nicht helfen kann, aber ich spüre, dass der Himmel dazu in der Lage ist."

Die Antwort von Jonas kam postwendend.

> „Ich werde dich dahingehend unterstützen, damit du deinen eigenen Weg weitergehen kannst. Aber es wird dich eine Menge Mühe und Durchhaltevermögen kosten, denn geschenkt wird dir nichts. Die Zeit wird es bringen und du siehst dann selbst, wo Hand anzulegen ist. Aber versteig dich nur nicht! Es muss mit Bedacht geschehen.

Entwicklung braucht Muße. Du gehst ein großes Stück mit Einsicht und Geduld, dann komme ich dir ein Stück mit entsprechenden Hinweisen entgegen. So ist die Reihenfolge.

Vertrauensaufbau zu Gott

Der Vertrauensaufbau zu Gott, und in Vertretung durch Jonas, war nach dem Nahtoderlebnis nicht mehr wirklich schwer. Wer bekommt schon einen solchen direkten Beweis wie ich? Das Urvertrauen wurde auch nicht aus dem Himmelsbereich verletzt, sondern von Menschen. Ich habe das fälschlicherweise auf Gott übertragen.

Ich, der als ausgemachter Atheist bekannt war, strebte nun also eine Kehrtwendung zum Glauben an. Nicht zu fassen! Das musste ich erst einmal sacken lassen.

Vor diesem Schritt suchte ich, ganz für mich nur, die Definition, was denn Glaube eigentlich bedeutet. Wissenschaftlich konnte ich da nicht herangehen, weil Glaube nicht deren geforderte Beweiskraft erbringen konnte.

Da gab es den weitverbreiteten Glauben an den Mammon. Viele Menschen rannten dem hinterher. Schließlich wurde Glück mit viel Geld verbunden.

Damit hatte ich zwischenzeitlich abgeschlossen.

So blieb wahrscheinlich noch der Glaube im tiefen, religiösen Sinne. Mehrere Glaubensrichtungen boten sich da an. Aber wie weit, und wohin sollte ich mich orientieren? Wie sehr konnte ich mich einlassen, ohne meine Entscheidungsfreiheit einzuschränken, und mich in einen Verhaltenskodex binden zu lassen? Die übergeordnete Sicht auf den Himmel, welche ich bei meinem nahen Tod hatte, wollte ich nicht mehr hergeben und auch von niemanden und keiner Institution infrage stellen lassen. Es sollte auch nicht durch irgendwelche Dogmen getrübt werden. Also bot sich wahrscheinlich nur eine eigene Sicht auf diese Dinge an.

Vertrauensaufbau zu Menschen

Das war ein härterer Brocken gegenüber dem Vertrauensaufbau zu Gott. Und ganz gelingen wird es mir wohl in diesem Leben nicht mehr. Wenn ich so meine menschlichen Zeitgenossen betrachte, hadern nicht wenige auch mit Vertrauen zu anderen Menschen. Vielleicht auch weil sie oft Ähnliches erlebten.

Als ich mit Jonas dieses Thema und der Suche nach Annäherung an andere zunächst mutig, aber ergebnislos angegangen war, wusste ich nicht mehr weiter. Wie und was könnte ich tun?

> „Lass es auf dich zukommen, denn mit Ungeduld wird es immer schwer sein. Ein noch sehr junger Mensch wird dir aufzeigen, wie Urvertrauen geht. Aber warte es einfach ab und übe dich in Geduld."

„Schon klar", antwortete ich mit zerknirschtem Gesichtsausdruck."

„Wieder und wieder klemmt es beim Vertrauen zu mir", raunte Jonas. Was soll ich bloß mit dir machen? Ich dachte, damit sind wir schon weiter. Deine Zweifel sind sehr anstrengend auch für mich."

„Ich möchte nur wissen, welchen Menschen ich vertrauen kann. Ist das zu viel verlangt?"

„Nein, aber das ist individuell und so vielschichtig, dass eine Allgemeinbetrachtung nicht möglich ist. Ich kann dir nicht sagen, was du tun solltest, um ein bestimmtes Ergebnis zu erreichen. Vertrauen muss wachsen. Es kann nicht gerufen werden, und dann ist es da.

Leider stellen sich Menschen oft gern ans Rednerpult und sagen, was genau zu tun ist, um ein bestimmtes Ergebnis zu erzielen. Mit dem Vertrauensaufbau gehen sie leider auch oft in dieser Art um. Schalter umlegen, und gut ist. So einfach ist es leider nicht! Das wäre möglich, wenn alle Menschen gleich wären. Sind sie aber nicht! Also ist eine Pauschalisierung Unsinn, und so etwas wirst du von mir nicht hören. Ich bin kein Prophet und sehe auch nicht in die Zukunft. Du bekommst von mir Hinweise aus dem großen Überblick des Himmels. Unterscheide da!"

Momente, die mein Leben veränderten

Wenn es etwas gibt, was ich heute mit Freude einordnen kann, dann folgende Ereignisse:

Es war einmal eine Feier bei den Eltern meiner damaligen Lebensgefährtin. Ihre Nichte spielte im Zimmer. Sie war ungefähr fünf Jahre alt. Wie immer nahm sie wenig Notiz von mir. Aber dann schaute sie herüber, kletterte flugs auf meinen Schoß und kuschelte sich mit einem fröhlichen Grinsen an mich. Alle guckten verwundert. Ich auch.

Jonas fragt: „Wie hast du reagiert?"

„Ich legte zögerlich den Arm um sie."

„Und dann?"

Erst wusste ich nicht, was ich tun sollte. Aber dann kam mir eine Idee. „Wollen wir eine Runde spazieren gehen?"

„Au ja", sagte sie begeistert, stand auf, lief in den Flur, zog sich ihre Jacke an und rief, „komm schon." Ihre Augen strahlten. Ich: „Äh, ja ich komme."

Im Fahrstuhl nahm sie meine Hand und murmelte: „Aber du musst mir den Weg zeigen, ja?" Mit breitem Grinsen sagte ich „Na klar, mach ich." Wir gingen auf den nah gelegenen Spielplatz. Auf dem Klettergerüst sollte ich Schweinebaumeln machen. Sie zeigte es mir vorher. „Guck mal, so geht's." Ich alter Zausel machte das nach. Zum Glück begann es schon dunkel zu werden, so dass mich niemand sehen konnte, wie ich da kopfüber wie ein nasser Sack baumelte. Dabei fielen mir ein paar Geldstücke aus der Hosentasche in den Sand. Sie schüttelte den Kopf und sagte lachend: „Nico, Nico, was machst du da?" Dann suchten wir gemeinsam nach den Münzen. Alle fanden wir nicht mehr. „Jetzt müssen wir aber wieder zurück. Es gibt gleich Abendbrot", sagte ich.

„Wo müssen wir entlang gehen?" fragte sie. „Hm, ich weiß nicht so genau", murmelte ich. „Lass uns überlegen. Wir sind vom Hochhaus dort drüben gekommen. Dann müssen wir dahin zurück. Was meinst du, Stöpsel?"

Sie guckte mich verärgert an und sagte, „Ich bin kein Stöpsel mehr. Ich bin schon groß."

So schnell kann man in ein Fettnäpfchen treten, dachte ich bei mir. „Was soll ich dann sagen?" Mit einer unmissverständlichen Handbewegung zeigte sie auf sich: „Na Alina." Ich überlegte einen Moment und entgegnete: „Geht auch Mausi?" Nach einer längeren Pause sagte sie: „Na ja, geht auch." Wir einigten uns also auf Mausi.

In der Wohnung angekommen, sagte ich in die Runde: „Mausi hat den Weg ganz allein zurück gefunden." Sie strahlte über beide Ohren und lief stolz zu Muttern.

Dann wollte sie einmal bei uns übernachten (also bei ihrer Tante und mir). Wir verwöhnten sie an diesen Tag nach Strich und Faden. Irgendwann ging es ans Schlafen gehen. Wie selbstverständlich krabbelte sie unter meine Decke. Aber zusammen einschlafen war leider nicht möglich. Meine Lebensgefährtin riss meine Decke hoch und rief: „Das geht so nicht." Verwundert fragte ich: „Was ist los?" Eine Antwort kam nicht. Vielleicht war sie eifersüchtig, vielleicht dachte sie, ich fummle an Alina herum. Verärgert verließ ich mein Bett, ließ die kleine Maus mit fragendem Gesicht zurück und ging ins Wohnzimmer schlafen.

Es dauerte nicht lange, da stand der kleine Hosenmatz vor meinem Bett im Wohnzimmer und sagte: Da drüben ist es so dunkel, kann ich bei dir schlafen?"

„Klar", sagte ich, „rutsch nach hinten an die Heizung, da ist es schön warm." Ich umfasste sie, hielt ihre Hand, sie mit beiden Händen meine, und so schliefen wir zusammen ein. Bei ihr bemerkte ich noch, dass die Fingerchen ganz leicht zuckten. „Ah", dachte ich, „jetzt gleitet sie in den Schlaf hinüber."

Ein ungewöhnlich schönes Gefühl für mich. So ein kleiner Spatz versprühte auf Vorschuss so viel Vertrauen. Ohne Vorbehalt. Einfach, weil sie mich mochte. So musste das Vertrauen von Gott zu mir sein. Ich staunte über meinen Vergleich. Bei ihr kam das bestimmt aus kindlicher Naivität, weil sie ja nicht wissen konnte, was dabei Böses geschehen könnte, wenn sie in die falschen Hände gekommen wäre.

Wenn ich jetzt getan hätte, was mein Vater mit mir angestellt hatte, dann würde ihr Leben mit einer großen Last verlaufen. Wahrscheinlich ähnlich wie bei mir.

Ich spürte meine Verantwortung und eine unglaubliche Verletzlichkeit dieses Momentes. Jetzt konnte ich ihr, zusammen eingemummelt, Sicherheit, Geborgenheit und Nestwärme vermitteln. Eben das, was sie in diesem Moment gerade suchte.

Schon immer wollte ich eine Tochter. Nun hatte ich eine (na ja, fast). Glücklich und zufrieden schlief ich auch ein.

Dieses Erlebnis prägte mich neu, und wirkte sehr lange positiv nach. An diese Momente erinnere ich mich gerne. Und es ist, als wenn es gestern erst war.

Wir beide waren dann unzertrennlich, unternahmen ganz viel zusammen, machten das, was eben ein Vater mit seiner Tochter eigentlich so unternimmt. Später trennten sich ihre Tante und ich. Aber uns beide konnte das nicht auseinanderbringen.

Wir rückten innerlich noch näher zusammen. Alles konnte ich mit ihr fühlen. Ein Blick genügte, und jeder spürte, wie der andere drauf war.

Ihren späteren Liebeskummer mit circa vierzehn, fünfzehn Jahren habe ich auch mit durchlitten. Dann brauchte sie Trost und Zuwendung. Schön, dass sie mir das alles anvertraut hatte. Die Tränen waren dann bald vergessen. Spätestens, wenn sie neu verliebt war.

Heute ist sie erwachsen, hat eine feste Beziehung, und macht viele erfolgreiche Dinge. Ich bin superstolz auf sie, und auch ihr Lebensgefährte hat nun seinen Platz in meinem Herzen.

Ja, irgendwann musste ich sie loslassen. Und das geschah innerlich schon, als sie etwa zwölf Jahre alt wurde. Doch gerade das hielt uns wahrscheinlich zusammen, weil es ohne Erwartung meinerseits viel leichter für sie war, mit mir über alles zu reden.

Heute wohnt sie ganz in meiner Nähe. Wir sehen uns nur noch gelegentlich. Sie steht mit beiden Beinen auf einem guten Lebensfundament.

Wenn wir uns heute treffen, dann immer herzlich. Und das muss nicht einmal in der Woche sein, sondern wenn das innere Bedürfnis da ist. Ich bin mir sicher, dass ich meinen Platz in ihrem Herzen behalte, und sie hin und wieder an mich denkt. Wenn ich an sie denke, (eigentlich jeden Tag) scheint immer die Sonne in mein Herz!

Heute ist mir absolut gewahr, dass sie mich mit ihrem großen, damals kindlichem Vertrauen zum Urvertrauen zurückführte, ohne es selbst zu wissen. Ein unbezahlbares Geschenk!

Und nun weiß ich auch, was Jonas meinte, als er sagte: „Es wird dir jemand helfen, den Grund deines Rückweges zu finden. Dann wird es dich freuen, wer das war."

Jonas sagt noch zu mir

„Ich werde mich nun noch intensiver um dich kümmern, denn mir sind die großen Schwierigkeiten deines Weges bekannt.

Ich kenne alle deine Nöte und kann schnell darauf reagieren.

Ich habe das Wissen dazu, weil ich den Überblick über alle Gesetzmäßigkeiten des Lebens habe.

Ich habe die nötige Geduld mit dir, auch wenn du etwas nicht gleich verinnerlichen kannst.

Ich werde dich noch mehr fordern, aber ich verspreche dir nichts.

Ich nehme dich in jedem Moment ernst.

Ich gebe dir die Zuversicht des Himmels.

Du lernst nun weiter mit mir aus dem Überblick aller Zusammenhänge des Lebens, und auch aus der Sicht, die du an der Schwelle zum Tod selbst haben durftest. Alles davon wird dir gewahr bleiben. Ungetrübt und jederzeit zugänglich. Natürlich mit all den Lücken, die du selbst noch zu füllen hast. Du wirst also die Erinnerungen daran in vollem Umfang behalten. Das ist eine große Gnade, vergiss das nicht!"

Jetzt bin ich also Himmelversteher?

„Gib nicht so an. Das kommt erst später."

„Ich habe mich doch dem Himmel jetzt zuge-
wandt. Ist das nichts?"

„Ein Anfang, mein Lieber, ein Anfang."

„Du entmutigst mich gleich wieder, Jonas."

„Nein, ich zeige dir gerade, was Übermut
anrichten kann."

„Was denn?", fragte ich Jonas neugierig.

Er antwortete: „Damit versperrst du dich
einer ehrfurchtsvollen Aufmerksamkeit."

„Hoppla. Ich denke, ich sollte erst einmal besser
zuhören lernen."

„Das sehe ich auch so."

„Jonas, glaubst du, dass es mit mir noch mal was wird?"

„Es wird, glaube mir. Es wird. Ich habe eine sprichwörtliche Engelsgeduld. Und diese kannst du dir zunutze machen!"

Nachdenkenswert

Ein Sprung in die heutige Zeit.

Es ist der 3. Januar 2020. In dieser Nacht hatte ich einen Traum. Es war 1985. Die Zeit, in der ich sah, wie meine Ex-Frau mit einem anderen Mann zusammen war. Nähere Umstände dazu sind hier nicht von Bedeutung. Die Sache an sich ist wichtig.

Ich sah sie also im Traum. Wir fuhren im Auto. Sie saß am Steuer, ich saß (komischerweise) oben auf dem Dach in der offenen Schiebedachöffnung, die Beine baumelten in den Innenraum. Es regnete in Strömen. Sie fuhr einen sehr aufgeregten Stil und streifte fast eine Laterne. An einer Kreuzung hielt sie an, stieg mitten auf der Straße aus und sagte: „ich muss in die Bernauer Straße." „Was willst du da", fragte ich? „Ich muss da hin." Dann lief sie los, in einen Hauseingang hinein.

Ich saß da immer noch wie angeschraubt. Ein großer Schmerz überkam mich und ich heulte sofort los, weil ich fühlte, sie würde nicht mehr zurückkommen.

Ich fühlte auch, dass da ein anderer Mann war. Vorsichtig kletterte ich vom Auto herunter, lief auch in diesen Hausflur, sah aber niemanden. Sie war weg. Einfach weg. Ich suchte weiter, doch ohne Erfolg. Dann sah ich sie aus dem Treppenhausfenster im gegenüberliegenden Fenster einer Wohnung. Sie schaute zu mir herüber. Aber das war ein trauriges Gesicht. Ich hatte das so nicht erwartet. In ihrem Ausdruck lag Zwiespalt. Sie hatte sich entschieden, das fühlte ich, aber leicht war ihr das wohl nicht gefallen. Und was mich so erstaunte, war der Umstand, dass ich den Schmerz, den sie gerade fühlte, auch fühlen konnte. Damit hatte ich noch mehr zu tun, als nur den eigenen Schmerz zu ertragen.

Keiner Bewegung mehr fähig, kam noch ein weiteres Gefühl hinzu. Das, was Gott gerade in diesem Moment ertrug. Ich fühlte eine Art Trauer, gepaart mit Verständnis. Alle Schmerzen spürte ich gleichzeitig. Die von Gott, die meiner Ex-Frau und meine eigenen.

„Wie kann so etwas sein", war mein Gedanke. Ich rannte wieder aus dem Haus, setzte mich ins Auto und war nicht mehr fähig, einen einzigen klaren Gedanken zu fassen. Bis in die Abendstunden rührte ich mich nicht mehr vom Fleck.

Sie war weg, Gott war nicht mehr da, ich war allein. Mit den Empfindungen von allen dreien. Noch nie fühlte ich mich so verlassen.

Dann wachte ich aus diesem Traum auf. Immer noch mit dem Schmerz aller drei. Regungslos lag ich noch lange da und überlegte: „Was war das denn gerade - und was kann mir das sagen? Sollte es mir denn überhaupt etwas sagen?" Ich wusste es nicht.

Etwas später, als ich mich wieder gefangen hatte, kam mir der Vergleich mit dem, was meine Nichte einmal in ähnlichem Sinne wohl erlebt hatte. Sie musste sich zwischen zwei Männern entscheiden. Natürlich wollte ich trösten, aber das gelang irgendwie diesmal nicht.

„Hör auf dein Herz", war der einzige, klägliche Rat, den ich geben konnte. Sie sagte nichts dazu, aber ihre Augen verrieten, dass sie wusste, „Einem von beiden muss ich wehtun." Und es war offensichtlich, dass ihr das selbst weh tat. Damit war sie in keiner guten Verfassung.

Sie entschied sich. Aus heutiger Sicht war diese Entscheidung richtig. Aber ich glaube, dass sie nicht gerne an diesen Moment erinnert werden möchte.

Auch durch meinen Traum habe ich verstanden, dass meine damalige Frau wohl vor eben dieser schweren Entscheidung stand. Damit hatte ich auch gehörig zu tun.

82

Was ziehe ich noch aus diesem Traum? Jeder kommt, bestimmt nicht nur einmal, in die Lage, anderen weh tun zu müssen. Das ist wahrlich keine angenehme Erkenntnis.

Für mich ist es immer noch sehr schwer, mit den Empfindungen der Beteiligten aus meinem Traum umzugehen. Meine eigenen waren für sich schon der Hammer. Das alles hat mich enorm vom Hocker gehauen. So etwas hätte ich vorher nie für möglich gehalten.

Damit klarzukommen, wird Zeit brauchen. Auf jeden Fall macht es mich sehr viel ehrfürchtiger zu Gott hin. Und heute gehe ich mit viel mehr Verständnis und Mitgefühl an das, was andere tun oder tun müssen. Alles hat eben eine Vorgeschichte, so wie bei meiner damaligen Frau und auch bei mir.

Als ich 1985 bei meiner Todesnähe über die Schwelle treten wollte, Jonas mir dabei den Rückweg wies und sagte: „Du wirst und musst selbst erkennen, warum es dein Weg noch nicht ist."

Inzwischen habe ich erkannt, warum ich nicht rübergehen durfte. Zuerst musste mein verlorenes Urvertrauen repariert werden. Und genau dabei half mir meine Nichte so sehr. Denn nur mit Urvertrauen bin ich in der geistigen Welt lebensfähig und entspreche, ja unterstütze von mir selbst aus, die himmlischen Lebensprinzipien.

Ansonsten würde ich dagegen arbeiten, ständig Forderungen stellen und nicht verstehen, dass Liebe und Freiheit auch große Verantwortung mit sich bringen. Übergreifend habe ich jetzt verinnerlicht, wie eng alles miteinander verbunden ist, und wie Gott für uns vor allem im großen Verständnis unseres Unvermögens mitleidet.

„Weißt du Jonas, heute ist Glaube, auch durch dich, für mich zum Wissen geworden. Aber eine Frage bleibt trotzdem noch offen, und diese kann ich auch in der Restlaufzeit meines jetzigen Lebens nicht klären. Wenn ich einmal die Schwelle übertreten darf, weiß ich es."

„Wie lautet dann deine Frage?"

„Wer bin ich wirklich?"

Hallo, ich bin der Jonas

In diesem Buch hast du mich schon ein wenig als Leser kennengelernt. Wie du hier erfahren hast, begleite ich den Autor Wolfgang Nicolaus durch dick und dünn. So behält er besser sein Ziel im Auge.

Er selbst weiß, dass sein Weg vom Atheisten zum Himmelversteher recht lang war. (Er liebt diesen Ausdruck. Ich nicht, aber lassen wir ihm das.)

Leicht war es mit ihm bisher nicht, aber was, oder wer ist schon einfach? Er ist auf einem guten Weg, und das ist wichtig.

Das menschliche Leben ist eben kein Spaziergang. Harte Zeiten macht jeder Mensch irgendwann durch. Doch nur so werden aus Erfahrungen wichtige Werte, die später zum himmlischen Leben unabdingbar sind.

Abschlussworte des Autors

Ich öffnete mich hier nicht, weil ich auf der Suche nach Anerkennung bin, sondern anderen Menschen helfen möchte ihren Mut nicht zu verlieren.

Vielen Dank für deine Zeit

Meine größte Freude wäre es, wenn du dem Gespräch mit Jonas etwas für dich entnehmen konntest. Vielleicht hast du ein paar Minuten, um dort, wo du dieses Buch erworben hast, ein paar nette Worte hineinzuschreiben.

Auf meiner Webseite
www.gespräche-mit-jonas.de
freut sich auch mein Gästebuch auf dich :)